Hume

Coleção **PASSO-A-PASSO**

CIÊNCIAS SOCIAIS PASSO-A-PASSO
Direção: Celso Castro

FILOSOFIA PASSO-A-PASSO
Direção: Denis L. Rosenfield

PSICANÁLISE PASSO-A-PASSO
Direção: Marco Antonio Coutinho Jorge

Ver lista de títulos no final do volume

Leonardo Sartori Porto

Hume

Jorge **Zahar** Editor
Rio de Janeiro

Copyright © 2006, Leonardo Sartori Porto

Copyright desta edição © 2006:
Jorge Zahar Editor Ltda.
rua México 31 sobreloja
20031-144 Rio de Janeiro, RJ
tel.: (21) 2108-0808 / fax: (21) 2108-0800
e-mail: jze@zahar.com.br
site: www.zahar.com.br

Todos os direitos reservados.
A reprodução não-autorizada desta publicação, no todo
ou em parte, constitui violação de direitos autorais. (Lei 9.610/98)

Composição: TopTextos Edições Gráficas Ltda.
Impressão: Cromosete
Capa: Sérgio Campante

CIP-Brasil. Catalogação-na-fonte
Sindicato Nacional dos Editores de Livros, RJ.

Porto, Leonardo Sartori, 1965-

P882h   Hume / Leonardo Sartori Porto. — Rio de Janeiro:
Jorge Zahar Ed., 2006

(Passo-a-passo; 69)

Inclui bibliografia
ISBN 85-7110-934-6

1. Hume, David, 1711-1776. 2. Filosofia inglesa. I.
Título. II. Série.

CDD 192
CDU 1(42)

06-2314

Sumário

Introdução	7
O problema da indução	11
Ceticismo	15
Conhecimento e experiência	21
Naturalismo	28
Razão *versus* emoção	34
Moralidade	36
Política	42
Conclusão	47
Seleção de textos	49
Referências e fontes	62
Leituras recomendadas	65
Sobre o autor	68

Introdução

Quando queremos conhecer algum aspecto da realidade, realizamos uma investigação empírica. Assim, caso queiramos saber se um determinado material conduz eletricidade, faremos uma série de experiências com este, e, se desejamos saber se existe água em Marte, enviamos naves espaciais com equipamento que pode medir a existência desse elemento no planeta. Nem toda pergunta, contudo, pode ser respondida desse modo. Se quisermos saber se devemos ou não confiar no conhecimento empírico, não podemos utilizar experiências para obter a resposta, pois estaríamos pressupondo o que temos que provar, e, além do mais, que tipo de experiências faríamos para testá-lo?

É esse tipo de investigação que constitui a *epistemologia* ou *teoria do conhecimento*, investigação que os filósofos em uníssono consideram ser totalmente distinta da investigação empírica — aquela realizada pela ciência. Mas existe uma elegante dissonância: David Hume.

O filósofo escocês, considerado o último representante do empirismo britânico, foi profundamente influenciado pelo método experimental de Galileu e Newton, pretendendo aplicá-lo também nas investigações filosóficas. O resultado é o surgimento de uma teoria filosófica que questiona o papel da razão na nossa vida cognitiva, conferindo aos sentimentos uma função preponderante tanto na epistemologia quanto na moral, subvertendo assim, todos os sistemas filosóficos de sua época.

David Hume nasceu em Edimburgo, na Escócia, no dia 7 de maio de 1711. Seu pai, Joseph Home (o verdadeiro nome de David Hume era Home, porém ele mudou para Hume a fim de facilitar a pronúncia na Inglaterra), era advogado e possuía uma pequena propriedade rural, enquanto sua mãe, Katherine Falconer, era filha de sir David Falconer, presidente do Supremo Tribunal da Escócia. Hume pouco conheceu seu pai, que morreu quando ele tinha apenas dois anos de idade. Em sua autobiografia, reconhece o mérito de sua mãe, que, apesar de ainda jovem e bela, dedicou sua vida à educação de seus três filhos.

O filósofo recebeu uma educação tradicional na Universidade de Edimburgo, e, devido ao sucesso que obteve em seus estudos, sua família julgou que deveria seguir a profissão do pai e do avô materno. Entretanto, Cícero e Pope, Virgílio e Milton atraíram a atenção do jovem, e a carreira de advogado cedeu lugar à paixão pela literatura clássica.

Durante sua formação acadêmica, estudou a nova ciência de Newton e Robert Boyle, e provavelmente teve contato com a tradição filosófica nas aulas de ética, lógica e metafísica. Decidido a tornar-se, também ele, um filósofo, viajou para a França e estudou no mesmo colégio onde, um século antes, Descartes foi aluno: La Flèche, em Anjou. Foi lá que completou as duas primeiras partes de sua maior obra filosófica: *O tratado da natureza humana*. O livro, de quase 700 páginas, foi terminado quando ele tinha apenas 29 anos, em 1738.

Escrito à luz das filosofias de Locke e Berkeley, o *Tratado* sofre a influência de dois pensadores menos conhecidos: Shaftesbury (Anthony Asheley Cooper) e o também escocês Francis Hutcheson. Ambos são opositores do racionalismo britânico, tradição filosófica da qual participavam pensadores pouco conhecidos atualmente, mas que faziam sucesso na Inglaterra de Hume: Samuel Clarke, Ralph Cudworth e William Wollaston. Esses filósofos acreditavam que a razão, por si só, poderia dar os fundamentos da moralidade. Shaftesbury e Hutcheson, por seu turno, criticavam essa concepção e indicavam os sentimentos como a fonte do senso moral.

Hume ampliou o espectro de atuação dos sentimentos, conferindo também a estes a responsabilidade pela origem de nosso conhecimento em geral, o que é uma verdadeira revolução epistemológica. Infelizmente, essa revolução não trouxe a notoriedade que o filósofo pretendia; ele, inclusive, afirma que o livro "nasceu morto", tendo recebido muitas críticas desfavoráveis (inclusive do exterior) e poucos admiradores (entre estes, o próprio Hutcheson). As idéias contidas no livro, consideradas acintosas à religião, impediram que ele obtivesse emprego como professor na Universidade de Edimburgo, e, a fim de ganhar a vida, tornou-se tutor do marquês de Annandalle para, logo em seguida, viajar como secretário do general Saint-Clair numa malograda expedição militar contra a França, em 1746. Ainda com Saint-Clair, agora numa missão pacífica, volta a visitar o continente europeu.

Antes de suas viagens à Europa, publica a primeira parte dos *Ensaios morais, políticos e literários*, o que finalmente lhe trará a fama pela qual ansiava. Durante o período das viagens saem mais ensaios e o seu livro mais conhecido: *Uma investigação acerca do entendimento humano*, em 1748. Nesse livro, retoma o que escreveu na primeira parte do *Tratado*, numa linguagem mais acessível, pois julga que foi a forma de exposição de suas idéias que tornou esse livro pouco interessante ao público. Seguindo o mesmo raciocínio, publica, quando retorna à Escócia, *Uma investigação sobre os princípios da moral*, em 1752, ano em que é nomeado conservador da Biblioteca dos Advogados, em Edimburgo.

Apesar da baixa remuneração, o fato de ter uma biblioteca inteira à sua disposição incita em Hume o desejo de escrever um livro sobre a história da Inglaterra. Seus seis volumes publicados em 1778 foram a única obra não filosófica do autor.

A publicação de mais ensaios tratando da política (todos reunidos na edição completa dos *Ensaios morais, políticos e literários*), junto com os primeiros volumes da História da Inglaterra, tornou Hume famoso não apenas na Grã-Bretanha, mas também no continente europeu. Tendo a oportunidade de retornar à França, dessa vez como secretário do embaixador inglês, trava conhecimento com vários intelectuais franceses, dentre os quais se destacam D'Alembert, um dos autores da *Enciclopédia*, e o famoso filósofo Jean-Jacques Rousseau. Ele inclusive alberga Rousseau em sua casa, na Inglaterra, mas as tendências psicóticas do filósofo francês levam a um rompimento público da amizade entre os dois.

Após alguns anos em Paris, Hume volta a sua cidade natal, escreve sua breve autobiografia e falece em 25 de agosto de 1776.

O problema da indução

Conhecer a realidade não consiste apenas em obter informações através de nossos sentidos, pois estas informações precisam ser analisadas e organizadas num todo coerente. Organizamos os dados da experiência por meio do *raciocínio*. Das operações que este realiza, existem duas que são fundamentais para o conhecimento: a dedução e a indução.

A dedução consiste em ir do *universal* ao *particular*: é inferir da proposição "Todos os homens são mortais" a proposição "O homem Sócrates é mortal". Uma dedução é um esclarecimento, ela indica que, se um conjunto "A" (no nosso exemplo: "todos os homens") tem a característica "F" (ser mortal), então qualquer dos membros deste conjunto necessariamente possui a característica "F" — se todos os homens são mortais, então qualquer homem é mortal.

Uma dedução, no entanto, não produz a proposição universal, essa tarefa cabe à *indução*. Vamos supor que queiramos saber o sexo de todas as pessoas que ocuparam a Presidência da República brasileira, o que faremos? Simples, vamos pesquisar nos livros de história para saber se eram homens ou mulheres. O que encontraremos? Essa proposição: "*Todos* os presidentes da República brasileira *foram* e *são* do sexo masculino." Chegamos, portanto, a uma proposição universal (ela é marcada pela palavra "todos"). Mas podemos inferir de nossa pesquisa essa outra proposição: "Todos os presidentes da República brasileira foram, são e *serão* do sexo masculino."? É claro que não! Não conhecemos o futuro. É bem possível que em eleições futuras uma mulher seja escolhida para esse cargo.

Façamos uma outra pesquisa. Desta vez investigaremos se todos os homens que existem ou que já existiram possuem a característica de serem mortais. Desta pesquisa é óbvio que resultará a proposição: "Todos os homens *foram* e *são* mortais." Mas podemos também inferir essa outra: "Todos os homens foram, são e *serão* mortais", que tem o mesmo sentido da proposição "Todos os homens *são* mortais."?

A resposta óbvia é a de que são casos diferentes. No primeiro, trata-se da falácia da generalização, já o segundo é o resultado de um raciocínio correto. Hume, contudo, desafia essa resposta. Ele pergunta: Qual a diferença *lógica* entre os dois exemplos de indução? Em ambos, a partir de dados do passado e do presente, construímos uma afirmação que se estende para todo o tempo, e fomos do particular ao universal. Podemos argumentar que, no caso dos presidentes do Brasil, utilizamos muitos poucos casos para concluir que uma mulher não ocupará esse cargo, enquanto que, no outro exemplo, lançamos mão de uma imensa quantidade de casos para concluir que também os homens do futuro morrerão. Mas essa diferença *numérica* é uma diferença *lógica*?

Vamos supor que eu tenha uma caixa com um milhão de alfinetes e afirme que *todos* os alfinetes da caixa são metálicos. Basta que apenas *um* não o seja para tornar falsa a afirmação. O exemplo demonstra que a quantidade de casos não afeta as características lógicas do raciocínio indutivo.

A conclusão que tiramos desse exemplo é surpreendente: a única certeza que temos na vida, a nossa morte, está fundada num erro de raciocínio. Contudo, este é só um exemplo dos raciocínios que fazemos sobre o futuro sem nos darmos conta: não pensamos que o fogo queime apenas ontem ou hoje, mas que ele sempre queimará; tampouco cremos que a força da gravidade não permanecerá ativa amanhã. Enfim, nossa compreensão do mundo está firmemente fundada na suposição de uma *regularidade na natureza*, ou seja, sempre pressupomos que existem *leis da natureza* que não mudam ao longo do tempo. Porém, em que está baseado esse pressuposto?

Para responder a essa pergunta não podemos utilizar a ciência, ou seja, o conhecimento empírico, porque é "impossível que qualquer argumento baseado na experiência prove a semelhança do passado com o futuro, uma vez que todos esses argumentos estão fundados na suposição dessa semelhança". A resposta, portanto, não pode ser feita por meio de raciocínios *indutivos*, visto que, por utilizarem o conhecimento advindo da experiência, pressupõem a regularidade da natureza. Só nos resta utilizar raciocínios *dedutivos*.

Estamos diante de um dilema: nosso conhecimento da realidade é organizado por meio de dois tipos de raciocínio — o dedutivo e o indutivo. Quanto ao primeiro, não há nenhum problema, ele é logicamente perfeito. Mas não produz informação, apenas nos esclarece sobre aquilo que já sabemos, pois o que a dedução faz é transmitir a verdade de uma proposição a outra. Assim, no caso da proposição "Sócrates é mortal", posso verificar sua verdade sem olhar para o mundo, basta ser informado de que "Sócrates é homem", e que "*Todo* homem é mortal". Porém, como sei que todo homem é mortal? Somente pela indução, ou seja, somente pesquisando todos os homens e verificando se eles morreram ou não. O problema é que dessa pesquisa não posso *logicamente* sequer extrair a conclusão de que todos os homens que existem no presente são mortais, só posso *logicamente* concluir que todos os homens que morreram eram mortais (muito menos posso inferir que todos os homens *serão* mortais).

A força do dilema reside em seu caráter contra-intuitivo: como negar que todos os homens são mortais, inclusive os do futuro? Qual sentido de negar que o fogo queima? Uma vez que todo o nosso conhecimento da realidade (empírica) está baseado em raciocínios indutivos, então, se eles não são válidos, todo nosso conhecimento é inválido?

É importante deixar claro, nesses tempos pós-modernos, que não é essa a conclusão a que Hume pretende chegar. Muito pelo contrário, como já dissemos na introdução, Hume quer estender a validade do conhecimento empírico para todas as áreas do conhecimento humano, inclusive a filosofia. O seu projeto filosófico é universalizar a ciência newtoniana.

Torna-se ainda mais urgente dissolver o dilema, ou seja, demonstrar a validade da indução. Esse é um ponto que precisa ser ressaltado, porque Hume é conhecido na filosofia contemporânea como aquele que pôs em pauta o *problema da indução*. E esse problema é uma ameaça às ciências da natureza (física, química etc.), mas não foi essa, entretanto, sua intenção. O que o filósofo pretendia era demonstrar que a *metafísica* não pode explicar o conhecimento humano.

Ceticismo

Os termos "metafísica" e "ceticismo" possuem uma pluralidade de significados. No uso corrente, a "metafísica" estuda os componentes não físicos da realidade, que são tidos por *transcendentes*, ou seja, pertencentes ao mundo espiritual (em geral misterioso e insondável). "Ceticismo", por outro lado, é a descrença no mundo não físico, seja sob a forma de entidades sobrenaturais, seja sob a forma mais branda dos poderes ocultos da mente. Essas definições não correspondem ao que ao longo da história foi entendido, pelos filósofos, como sendo a metafísica ou ceticismo. Contudo, não está muito distante daquilo que Hume pensava ser essas duas categorias filosóficas.

Não é muito clara a concepção que Hume tem da *metafísica*, mas, numa passagem do *Tratado*, ele fala das "ficções da filosofia antiga, que dizem respeito às substâncias, formas substanciais, acidentes e qualidades ocultas". Por "filosofia antiga", entenda-se a filosofia medieval, profundamente influenciada pelas teorias de Aristóteles, que precedeu o pensamento moderno de Descartes, Galileu e Newton. Assim, a metafísica que Hume pretende refutar são os resquícios do pensamento medieval no século XVIII, que ainda retinham força suficiente para competir com a nova ciência de Newton.

O conceito-chave da citação, entretanto, é "ficções". O filósofo escocês considera que toda investigação sobre a realidade que não esteja baseada na experiência é pura especulação. Na citação, menciona categorias que compõem a filosofia medieval: substância, acidente e qualidades ocultas. Mas há uma categoria que lhe interessou especialmente e que está ligada ao problema da indução: a concepção de que a relação de causa e efeito é *logicamente necessária*.

Antes de qualquer coisa, é preciso esclarecer o sentido da *necessidade lógica*. Quando afirmo que "*Todos* os homens são mortais" e que "Sócrates é homem", então é *contraditório* concluir que "Sócrates *não* é mortal", ou seja, essa conclusão *contradiz* o que é dito pelas premissas. Disto se segue que é *logicamente necessário* afirmar que "Sócrates é mortal". A necessidade lógica está intrinsecamente ligada ao princípio lógico da não-contradição. Este princípio guia o nosso pensamento o tempo todo. Assim, se alguém me pergunta se fui ao cinema ontem e respondo que fui *e* não fui, estou simplesmente me contradizendo, além de afirmar algo *impossível*: não posso ter ido *e* não ter ido ao cinema ontem.

A necessidade lógica, por meio do princípio da não-contradição, distingue o *possível* do *impossível*. É possível desenhar um quadrado no espaço sideral — sei que jamais vou conseguir fazer isso, mas, se eu fosse um astronauta, poderia realizar essa façanha. Contudo, é impossível desenhar um polígono de quatro lados que não tenha quatro ângulos, bem como é impossível eu estar *e* não estar sentado agora.

A *relação* de *causa* e *efeito* é um exemplo de raciocínio indutivo. E nossa vida depende dela, pois é por meio dessa relação que sei que a maçã tem o *efeito* de me alimentar e que o cianureto pode *causar* a minha morte. É evidente que todo o conhecimento científico também está baseado nessa relação.

O problema é que o senso comum tem uma concepção de possibilidade e de impossibilidade que é diferente daquela da lógica. Assim, julgamos impossível que o fogo não queime, ou que a matéria não atraia a matéria; achamos tão impossível desenhar um quadrado redondo quanto sair pela janela e voar sem nenhum equipamento especial. É preciso, portanto, distinguir dois tipos de necessidade, a *necessidade física*, que é aquela que me impede de sair voando apenas com a força do meu corpo, da *necessidade lógica*, que é aquela que me impede de estar *e* não estar sentado, neste instante.

Na filosofia medieval, mais especificamente na escolástica, havia a concepção de que as relações causais implicavam não apenas a *necessidade física*, mas também a *necessidade lógica* — em outras palavras, os filósofos da escolástica sustentavam que o fogo não queimar é uma contradição. A concepção da necessidade lógica das relações causais tinha seu fundamento na crença de que Deus não criou um universo desordenado. Como a ordenação do universo é decorrência da vontade divina, que é absoluta, então, mesmo a relação de causa e efeito é absolutamente determinada, ou seja, implica *necessidade lógica* — eis a metafísica.

Hume refuta essa concepção metafísica da relação causal usando os argumentos que vimos mais acima: de que as maçãs me alimentem não posso inferir que elas sempre me alimentarão, porque não tenho nenhum conhecimento do futuro. Podemos, entretanto, extrair uma outra conclusão a partir destes argumentos: a indução (aí incluída a relação causal) não implica *necessidade lógica*, visto *não ser impossível* que a maçã não me alimente, que o fogo não queime ou que os homens não sejam mortais, pois não há nenhuma *contradição* em afirmar que "Essa maçã me alimenta", "Essa outra maçã também me alimenta" etc., e inferir que as maçãs não alimentam: a contradição só existe quando passo de uma proposição *universal* ("*Todos* os homens são mortais") para outra que a negue ("Sócrates é homem e *não* é mortal"), isto é, só ocorre nos raciocínios dedutivos.

Tomar a relação de causa e efeito como implicando *necessidade lógica* é transformar a indução em uma dedução. Ora, a dedução é um processo puramente racional na medida em que, para se inferir de uma proposição universal outra proposição, não é preciso nenhum procedimento empírico, basta utilizar o princípio de não-contradição. Então, os metafísicos poderiam simplesmente *deduzir* o universo a partir do conceito de Deus e de seus atributos (onisciência, onipotência). É essa *dedução do mundo* que Hume considera uma ficção: "Se raciocinamos *a priori* [ou seja, utilizando o raciocínio dedutivo], qualquer coisa pode parecer capaz de produzir qualquer coisa; a queda de um seixo pode, que saibamos, extinguir o Sol, ou o desejo de um homem controlar os planetas em suas órbitas."

Um exemplo de *ficção filosófica*, oferecido por Hume, é a teoria metafísica segundo a qual "... toda coisa está plena de Deus". A teoria metafísica explica o movimento de uma bola de bilhar causado pelo choque de outra afirmando que foi Deus quem transferiu o movimento de uma bola para outra, pois, sendo Deus onipotente, nada pode ocorrer no universo sem o concurso de sua vontade.

Uma compreensão metafísica do universo prescinde da experiência, pode ser feita no gabinete do filósofo, consultando apenas livros. Assim, quando Galileu apontou o telescópio para a Lua e constatou que ela possuía crateras, foi prontamente contestado pelos filósofos de sua época, que, baseados na autoridade de Aristóteles e na interpretação da Bíblia, afirmavam ser a Lua, como qualquer planeta ou satélite, esfericamente perfeita e polida. Um exemplo bastante claro de como o universo pode ser "deduzido".

Afirmamos que Hume pretende utilizar o método experimental da ciência newtoniana, mas tudo que vimos foram argumentos lógicos, que são do domínio da razão. Onde estão os experimentos?

No *Tratado*, o filósofo oferece uma alegoria: a razão é rainha absoluta, prescreve suas leis com autoridade absoluta, mas tem um inimigo, que não possui alternativa senão seguir essas leis para, através de argumentos racionais, demonstrar os raciocínios falaciosos da razão. O inimigo da razão é o *cético*. A alegoria não termina aí: tudo o que o cético ganha de razão, também perde, pois ao utilizar os princípios racionais a fim de enfraquecê-los, acaba sendo vítima de sua própria estratégia. O ceticismo é dissolvido junto com o racionalismo, e no lugar de ambos impera a *natureza*: "felizmente a natureza, em tempo, quebra a força de todo argumento cético e impede que eles exerçam influência sobre o entendimento."

A alegoria ilustra o método que Hume utiliza: antes que possa lançar mão da experiência visando construir a nova filosofia, é preciso tirar de cena a velha filosofia, ou seja, a *metafísica*. Mas, se ele, para tanto, utilizar o método empírico, será acusado de cometer uma *petição de princípio*: usará o próprio método empírico para provar sua validade. A fim de evitar essa acusação, usa o método da metafísica, ou seja, raciocínios não-empíricos: lógicos. Ora, esse procedimento não é novo, e ele sabe disso, sendo esta a razão pela qual afirma, em algumas passagens de suas obras, lançar mão de uma forma mitigada de ceticismo.

O ceticismo mitigado significa um momento na argumentação humiana, o momento crítico, onde a metafísica — a ficção filosófica — é refutada. Esse momento limpa o terreno para o segundo passo: provar que é apenas através do método empírico, da experiência, que podemos conhecer a natureza.

Conhecimento e experiência

A ambição de Hume é poder distinguir o conhecimento objetivo do subjetivo sem apelar para uma verdade transcendente, absoluta. Hume inverte o jogo da metafísica: agora serão as verdades empíricas — transitórias e contingentes — as responsáveis pelo conhecimento objetivo. Enquanto a metafísica julga o conhecimento obtido pelos sentidos um conhecimento de segunda ordem, incapaz de mostrar a essência da realidade, Hume o considera o único apto a oferecer uma visão fidedigna do universo.

Todo conhecimento, para ser objetivo, ou seja, para não se constituir em um mero palavreado sem ligação com a realidade, precisa estar baseado na experiência sensível. Apesar de essa solução parecer trivial, ela enfrenta várias dificuldades, das quais duas são cruciais: 1) que garantia temos de que as nossas percepções representam os objetos como eles são em si mesmos?; 2) a experiência sensível sempre produz dados particulares, mas toda ciência trata do universal. Como é possível conciliar essa discrepância?

A segunda pergunta refere-se ao que estamos tratando desde o início do livro: o problema da indução. O primeiro problema diz respeito ao *ceticismo moderno*, que difere em grande medida do ceticismo clássico, o *ceticismo pirrônico*.

A diferença crucial entre os dois tipos de ceticismo reside no fato de que o ceticismo moderno não é *intencional*, ou seja, seus fundadores não pretendiam ser céticos, pelo contrário, eles pretendiam refutar o ceticismo.

O fundador, involuntário, do ceticismo moderno é Descartes. O matemático e filósofo francês vivia numa época em que o ceticismo grego de Pirro, apresentado por Sexto Empírico, estava em voga na Europa e um de seus principais propagadores também era francês: Michel de Montaigne. Os céticos renascentistas estavam preocupados com os critérios para se determinar a verdade, em especial no que concernia às questões religiosas. Descartes sabia, contudo, que os céticos só confiavam numa coisa: no conhecimento sensível. Então, quando escreveu sua principal obra, as *Meditações metafísicas*, ele visou a esse tipo de conhecimento.

As *Meditações* é um texto ímpar na história da filosofia, não tanto por ter inventado a subjetividade, como muitas vezes é dito, uma vez que tal invenção pode ser remetida às "Confissões" de santo Agostinho, mas por ter criado a separação entre mente e mundo. O livro começa com uma cena em que o filósofo, sentado em seu quarto, ao pé da lareira, medita sobre a certeza. Ele vê homens passando por sua janela e reflete sobre o que está realmente vendo: casacos e chapéus. Como saber se não são bonecos animados que passam na calçada? Geralmente estamos certos daquilo que os nossos sentidos nos informam; entretanto, sabemos que existem as ilusões provocadas por estes, como as ilusões de ótica. Além disso, no sonho percebo as coisas como se fossem reais, como distinguir o sonho da realidade? Será que aquilo que se percebe com a maior vivacidade possível não é apenas um sonho?

Descartes resolvia esse problema por meio da intervenção divina: Deus, por ser o supremo bem, não trapaceia, então não pode permitir que os meus sentidos sempre me mostrem o mundo de uma forma diferente da que o mundo realmente é. Mais uma vez entra em cena o conceito metafísico por excelência. Porém, se Deus sair de cena, o que sobra? A dúvida. Uma vez que a mente é distinta de todo o resto, inclusive do próprio corpo onde reside, e como não podemos sair da nossa mente para saber se as coisas são como ela as percebe, então podemos estar vivendo uma ilusão que dura a vida toda.

Outro filósofo que também contribuiu involuntariamente para o ceticismo moderno foi Berkeley. O bispo irlandês utilizou a distinção da filosofia de Locke entre qualidades primárias e secundárias para tentar provar que a matéria não existe.

A distinção entre as duas é fácil de entender. Pertencem às *qualidades secundárias* as sensações de dor e calor, por exemplo. A dor é uma sensação puramente mental, como é o calor, que não existe no objeto, mas apenas na percepção que tenho deste. Assim, as *qualidades primárias* são aquelas que pertencem realmente aos objetos, enquanto as *secundárias* são sensações que ocorrem apenas na mente.

Berkeley argumenta que não há uma diferença real entre as qualidades primárias e as secundárias, uma vez que todas são resultado da informação dos sentidos; por conseguinte, se as qualidades secundárias só existem na minha mente, o mesmo ocorre com as primárias. Disto extrai a conclusão de que nós não temos acesso direto aos objetos, pois tal acesso é mediado por Deus. Da mesma forma como ocorreu com o argumento cartesiano, se tirarmos Deus da jogada, já não temos mais nenhum acesso à realidade.

O ceticismo moderno estabelece uma diferença fundamental entre as coisas em si mesmas e a percepção que temos destas, afirmando que, como não temos um acesso às coisas a não ser através da nossa percepção sensível, nós não podemos saber como elas são em si mesmas, ou seja, como elas são independentemente de serem percebidas por nós. Um filósofo australiano cunhou um trocadilho perfeito para descrever essa tese: "temos olhos, portanto, não podemos ver."

Hume admite que "este é um tópico em que os céticos mais profundos e mais filosóficos sempre triunfarão, ao tentarem introduzir uma dúvida universal em todos os objetos do conhecimento e da inquirição humana". Contudo, a natureza mais uma vez nos salva desse tipo de raciocínio, pois a própria vida exige que levemos a sério as nossas percepções. É por isso que, segundo ele, os argumentos dos céticos são irrefutáveis, mas não produzem nenhuma convicção.

O filósofo escocês, no entanto, oferece um outro argumento, uma cena que lembra aquela utilizada por Descartes nas *Meditações*: ele está sentado em seu quarto, de costas para a porta, quando ouve um som parecido ao de uma porta a se abrir, e entra o mordomo trazendo uma carta.

Ora, ele está diante de uma *contradição* entre o que os sentidos lhe informam e a relação de causa e efeito: ele *ouve* um som, mas não *vê* nada que o produza; então, há um efeito (o som) que não tem uma causa, o que *contradiz* a crença de que para todo efeito há uma causa. A fim de dissolver essa contradição é preciso crer que a porta continua existindo, mesmo quando não é percebida, sendo a causa do som. Desse modo, a crença de que os objetos existem de maneira independente de nossas percepções salva outras crenças que possuímos (a crença na relação causal, por exemplo); porém, uma vez que só sabemos da existência dos objetos através de nossos sentidos, então os nossos sentidos nos trazem uma informação fidedigna da realidade.

O argumento talvez seja tão pouco convincente quanto o dos céticos, por isso Hume prefere simplesmente apelar para a natureza, em última instância, para a vida, a fim de mostrar que não podemos duvidar seriamente da informação recebida por nossos sentidos. Resolvida essa questão, ele pode se dedicar à tarefa de garantir a objetividade do conhecimento que adquirimos pelos sentidos. Antes de qualquer coisa, porém, é preciso saber como adquirimos tal conhecimento.

A neurologia tinha apenas algumas décadas de existência quando Hume nasceu, e era uma ciência totalmente rudimentar. Antes de ser inventada pelo inglês Thomas Willis, perdurava a crença, baseada nos ensinamentos de Aristóteles, de que a sede da mente era o coração, tendo o cérebro um papel secundário no processo do pensamento. O filósofo escocês, contudo, já sabia que a sede da mente deveria ser no cérebro, e define "pensamento" como uma "diminuta agitação no cérebro". Ele também conhece a teoria científica de sua época para a percepção: "os olhos refratam os raios de luz e os nervos ópticos transportam as imagens ao cérebro...". Mas ainda fala de "espíritos animais", que ocupam o lugar dos impulsos eletroquímicos que hoje sabemos ser a base do funcionamento neuronal.

Estando ciente de quão precário era o conhecimento do sistema nervoso em sua época, Hume desiste de fazer uma análise fisiológica da mente, optando por uma análise das *faculdades mentais*. Na verdade, ele cria um *sistema* das faculdades mentais.

A primeira engrenagem do sistema são os órgãos dos sentidos que produzem as *sensações* (visuais, táteis, olfativas, auditivas e gustativas), que Hume também denomina de "impressões dos sentidos". A esta engrenagem une-se a faculdade da *memória*. Nesta, as impressões dos sentidos são armazenadas, transformando-se em uma *idéia*, que é a unidade representacional da mente.

Uma sensação não representa nada, sendo apenas a manifestação de um órgão dos sentidos. Quando, no entanto, é armazenada na memória, pode ser manipulada pela mente, tornando-se, então, a representação de algo. A pura e simples imagem de uma árvore não representa a árvore, pois é apenas uma mancha colorida. É apenas quando transformo esta mancha colorida numa *idéia* que posso compará-la com outras idéias, todas armazenadas na memória, e tomar ciência de que aquela mancha colorida é a imagem de uma árvore.

A faculdade mental que tem a tarefa de comparar idéias é a *imaginação*, que é fundamental para resolver o problema da indução. Contudo, antes de voltarmos a isso, é importante analisar mais dois aspectos desse sistema das faculdades mentais.

O primeiro aspecto é o chamado *atomismo mental* humiano. Quando o filósofo descreve as impressões dos sentidos e as idéias, ele as coloca em duas categorias: simples e complexas. Impressões e idéias *simples* são aquelas que não admitem nenhuma "distinção ou separação", ou seja, são *átomos* mentais. As impressões e idéias *complexas* são formadas a partir das simples.

A necessidade de provar a existência de impressões e idéias simples põe em funcionamento a proposta humiana de utilizar o método experimental também na filosofia: "coloque uma mancha de tinta num papel, fixe o olhar nesta mancha e afaste-se para uma distância em que você perde a visão dela; é óbvio que, no momento que antecede o desaparecimento da imagem da mancha, esta era perfeitamente indivisível." É um experimento que hoje chamaríamos de psicológico, mas que, para Hume, funciona como genuinamente filosófico.

O outro aspecto é o *caráter semântico* que Hume confere à sua teoria sobre as idéias. Uma *idéia* (que é algo que possui uma ligação imediata com a realidade, uma vez que é o resultado de uma impressão sensível, e que não há motivos para duvidarmos de que os sentidos nos mostrem a realidade como efetivamente é) ao ser anexada a uma palavra garante a esta também a ligação com a realidade.

As palavras conferem generalidade às idéias. Uma idéia, por ser uma impressão sensível armazenada na memória, é sempre *particular*, pois jamais temos uma impressão geral: eu não percebo "as árvores em geral", só posso perceber esta ou aquela árvore. Mas, ao anexar a idéia desta árvore à palavra "árvore", e fazer isso a todas as árvores que percebo, então posso chegar ao conceito geral de "árvore". Além dessa função crucial, as palavras também servem para transmitir as idéias a outros indivíduos.

Existe um inconveniente, entretanto, no uso das palavras. Na medida em que estas, ao contrário das idéias, são puramente convencionais, é possível serem inventadas palavras que não se referem a nada na realidade. É isso o que ocorre, segundo Hume, com a metafísica: "quando alimentarmos alguma suspeita de que um termo filosófico é utilizado sem um significado ou idéia — o que é muito freqüente —, precisamos apenas perguntar: *de que impressão é derivada aquela suposta idéia?*". A expressão "suposta idéia" já indica que o "termo filosófico" não está ligado a nenhuma idéia, ou seja, a nenhuma impressão sensível. É a linguagem que permite o surgimento das "ficções filosóficas".

Naturalismo

Conhecer a realidade não consiste apenas em obter informações por meio dos sentidos, mas implica organizar essas informações por meio do raciocínio. Raciocinar, para Hume, é mais do que organizar informações, é produzir novas informações a partir daquelas obtidas pelos sentidos.

No sistema das faculdades mentais elaborado por Hume, cabe aos sentidos e à memória fornecer os elementos básicos do conhecimento: as idéias. Estas, contudo, não ficam inertes na mente humana, elas são unidas e separadas. Cabe à outra faculdade por nós mencionada, a *imaginação*, realizar essa tarefa.

Em um primeiro momento, parece absurdo que a imaginação possa produzir conhecimento; é preciso, portanto, investigar a filosofia da mente que Hume desenvolve.

O filósofo escocês cria uma espécie de física newtoniana da mente. Ao espaço de Newton corresponde a mente vazia. Os átomos que habitam esse espaço são as idéias simples. Estas, por sua vez, não são estáticas, elas se movimentam pela mente, algumas vezes se unindo, outras, desunindo-se. A *força* de união e dissolução das idéias é a imaginação.

É evidente que a imaginação é uma força descontrolada, pois pode unir e desunir aleatoriamente quaisquer idéias. Existe, portanto, uma outra força que permite uma união mais ordenada, caso contrário, nossa vida seria uma permanente fantasia. Essa força provém da natureza: "a *natureza*, de certa maneira, indica a cada um as *idéias* simples que podem ser unidas com maior adequação numa *idéia* complexa."

A "adequação" de que trata a passagem citada significa *adequação à realidade*. As idéias referem-se ao particular e o conhecimento do universal é obtido ao associá-las a um conceito (uma palavra). Mas idéias, por serem impressões sensíveis armazenadas na memória, referem-se, logicamente, ao *passado*. A indução refere-se necessariamente ao *futuro*. É preciso, portanto, algo que permita às idéias irem do *passado* ao *futuro*: a *imaginação* guiada pela *natureza*.

Vamos tomar a relação de causalidade — uma típica indução — como guia para compreendermos o papel da *natureza* na formação de nosso conhecimento. Ao encostar um pedaço de madeira em brasa em uma folha de papel percebo que o primeiro objeto *causa* a combustão do segundo. Estamos diante aqui de um caso que, por ser particular, não se constitui numa indução. É apenas quando *generalizo* este caso particular concebendo que todas as vezes que encostar brasa numa folha de papel este irá queimar que ocorre a indução.

A diferença entre uma *fantasia* e uma proposição que expressa uma relação de *causalidade* — ambas produtos da *imaginação* — não se encontra em seus conteúdos, já que vão além do que é percebido; a diferença reside na maneira como ocorrem na mente. Por exemplo, eu posso ter a fantasia de que o pedaço de madeira em brasa é a varinha mágica de uma fada, que o papel é um príncipe transformado por uma bruxa e que toda vez que a brasa toca no papel ele volta a ser príncipe. O exemplo parece pueril, mas há um contexto no qual não é: a concepção religiosa do milagre. Pois o que é um milagre senão um caso onde as leis da natureza são quebradas, onde a regularidade da natureza é rompida?

Há um capítulo inteiro de *Uma investigação acerca do entendimento humano* dedicado aos milagres, cuja conclusão é a de que, se os milagres forem tomados numa perspectiva científica, então são meras fantasias. É apenas como resultado da fé que podem ser legitimados como dogmas da religião.

Se a diferença entre a fantasia e a indução correta não é o conteúdo, então qual será? Segundo Hume, é a forma como elas se manifestam na mente: a indução ocorre de modo *espontâneo*, *inconsciente*, enquanto a fantasia precisa ser pensada, *inventada*. Nas palavras de Hume: "a crença que acompanha a impressão *presente* [por exemplo, de que este fogo me queimará se puser a mão nele] e é produzida por um número de impressões e conjunções *passadas* [todas as vezes que vi o fogo queimar algo] surge imediatamente, sem nenhuma nova operação da razão ou da *imaginação*. Disto estou certo porque *eu nunca estou consciente* de tal operação."

O conhecimento produzido através dos raciocínios indutivos se impõe sobre a minha vontade. Eu posso *fingir* que duvido desta crença, mas não posso sinceramente negá-la (não vou pôr a mão no fogo). Já as fantasias são criações da minha vontade e eu faço com elas o que bem quiser.

Ao lermos com atenção o que o filósofo escreve, percebemos que a indução não é um raciocínio formal como a dedução; a indução é, na sua forma básica, menos um raciocínio e mais um comportamento, um guia para a ação. Se eu não percebo que algo está quente e toco nele, tenho a reação automática de tirar minha mão — este é um típico *reflexo condicionado*. Agora, se vejo uma fogueira, não é um reflexo condicionado que me impede de aproximar dela; é a crença de que poderá me queimar. Esta crença, no entanto, é espontânea, uma vez que não faço o raciocínio: eis uma fogueira, pela minha experiência passada sei que o fogo queima, então não vou me aproximar dela. Ao contrário, simplesmente sei que ela me queimará. Contudo, esse conhecimento não é inato, pois surge da minha experiência com o fogo.

Apesar de a indução ser uma falácia, na perspectiva lógica, uma vez que não se pode partir de observações particulares e chegar a conclusões gerais, ela é um raciocínio que tem o seu fundamento na própria natureza humana, visto que sem esse raciocínio sequer conseguiríamos sobreviver. Essa concepção foi denominada de "naturalismo humiano", e possui alguns defensores no século XX. O mais famoso é o filósofo norte-americano W. V. Quine, que se apóia no darwinismo para afirmar que "criaturas inveteradamente erradas nas suas induções têm uma tendência patética, porém louvável, de morrer antes de reproduzir a sua espécie". Desse modo, a força que leva a imaginação a unir as idéias numa indução correta é a *seleção natural*: se não fôssemos capazes de inferir, a partir de casos particulares, leis gerais, simplesmente não poderíamos ter sobrevivido como espécie.

Vimos que Hume rejeita o *ceticismo moderno*, aquele que duvida das impressões dos sentidos, mas o seu *naturalismo* também é uma resposta ao *ceticismo clássico*, que apenas aceita como conhecimento aquilo que nos informam imediatamente os sentidos.

O ceticismo clássico foi apresentado na obra do médico grego Sexto Empírico, que viveu no século III. Na sua principal obra, *Hipotiposes pirronienses*, ele crítica o raciocínio indutivo afirmando que, como este parte do particular para estabelecer uma verdade geral, então se a indução partir de um exame parcial de casos, não produzirá certeza, "porque sempre será possível opor ao geral quaisquer das coisas particulares deixadas de lado na indução", mas é impossível examinar todos os casos, "porque o particular é infinito e indefinido". Sexto Empírico faz uma crítica lógica da indução: é impossível examinar todos os casos porque estes são infinitos; então a verdade geral resultante da indução nunca abrangerá todos os casos, tornando-se incerta, uma vez que sempre poderá existir um caso particular que a refute.

Hume não contestaria esse raciocínio lógico, que nos leva ao segundo problema enfrentado pelo conhecimento objetivo: a experiência sensível sempre produz dados particulares, mas toda ciência trata do universal. Como é possível conciliar essa discrepância? Para os céticos pirrônicos, não existe ciência, todo o conhecimento no qual podemos basear nossa vida vem dos sentidos, e no modo como estes nos apresentam as coisas: como simples e puras *aparências*. Ir além das aparências é ter um conhecimento ilusório. Hume, entretanto, refuta o ceticismo pirrônico, quando afirma a validade da indução por meio da influência irresistível da natureza.

Nesse sentido, o *naturalismo humiano* não conduz ao ceticismo — seja o clássico, seja o moderno —; pelo contrário, ele é uma refutação do ceticismo que não apela à metafísica, pois é uma terceira via entre o ceticismo e o dogmatismo metafísico.

Razão *versus* emoção

Os raciocínios dedutivos são produzidos da razão. Neles estão envolvidos apenas *conceitos* e *princípios lógicos*: se o conceito de "homem" está incluído no conceito de "ser mortal", então é contraditório (princípio lógico da não-contradição) afirmar que "x é homem e x *não* é mortal". Aqui estamos no território da pura razão.

Vimos que o mesmo não ocorre com os raciocínios indutivos. Nesse caso, a natureza é a responsável pela sua construção. Mas como ela opera? Hume julga que a força dos raciocínios indutivos, que cria a *sensação* de necessidade nestes é causada pelos *sentimentos*: "Portanto, esta conexão que *sentimos* no espírito, esta transição costumeira da imaginação de um objeto para o seu acompanhante usual, é o *sentimento* ou a *impressão* que origina a idéia de poder ou de conexão necessária."

Ao conferir às emoções um papel preponderante na cognição humana, Hume está antecipando em alguns séculos as teses das ciências cognitivas contemporâneas, onde um exemplo já clássico é o livro de António Damásio, *O erro de Descartes*, no qual o autor defende a tese de que as emoções contribuem para as nossas decisões racionais.

O filósofo escocês, entretanto, não está apenas interessado em desvendar o que ocorre com as cognições humanas no campo epistemológico, ele também quer investigar a moralidade. A investigação começa pela análise da ação humana: o que nos motiva? Temos dois candidatos óbvios: a razão e a emoção. Ele começa a investigação pelo candidato mais tradicional, a razão. E mais uma vez contesta a tradição racionalista afirmando que a razão é incapaz de motivar a vontade humana porque não pode fazer escolhas no que diz respeito à ação: "Não é contrário à razão preferir a destruição de todo o mundo a um arranhão no meu dedo. Não é contrário à razão escolher minha total ruína a fim de prevenir o menor desconforto de um indiano ou de alguém que me seja totalmente desconhecido."

O raciocínio tipicamente racional, a dedução, opera com conceitos e princípios lógicos. Hume sugere que o único princípio que a razão poderia utilizar para fazer escolhas é o princípio de não-contradição. Ora, o que esse princípio expressa é que algo não pode ser e não ser sob o mesmo aspecto e ao mesmo tempo, ou seja, não posso estar e não estar sentado neste instante. Assim, tudo o que o princípio de não-contradição faz é separar o *possível* (o que não é contraditório) do *impossível* (o que é contraditório). Como toda ação ocorre no campo do possível, então o princípio de não-contradição não pode escolher ações, por isso não é contraditório eu escolher realizar ações possíveis porém absurdas, como queimar todo o meu dinheiro, ou matar todos os pandas que ainda existem para criar o maior tapete de pele de panda do mundo.

Para Hume, uma ação irracional é, literalmente, uma ação impossível. Qualquer coisa que nós possamos fazer é racional (ou, pelo menos, está de acordo com a razão). Neste sentido, há um abismo entre o *racional* e o *razoável*, mas o que é razoável não é decidido pela razão pura.

Antecipando as teorias cognitivistas contemporâneas que acentuam o papel primordial das emoções nas nossas decisões, Hume afirma que é o princípio de prazer/dor que irá guiar a vontade. Apesar disso, ele não é um irracionalista, pois não vê oposição real entre razão e emoção.

Visto que raciocinar é descobrir a verdade ou a falsidade de uma proposição e como apenas proposições podem ser verdadeiras ou falsas, segue-se que uma proposição só pode ser oposta a outra proposição. Desejos e emoções não podem ser verdadeiros ou falsos, pois não representam algo, são, nas palavras do filósofo, "existências originais". Não podem, por conseqüência, ser contrários a um raciocínio.

Não havendo a possibilidade de conflito entre razão e emoção, o que ocorre é uma cooperação entre essas duas faculdades. As emoções indicam ao indivíduo o que ele quer e cabe à razão descobrir os *meios* de obtê-lo. Hume diz: "Razão é e deve ser apenas a escrava das paixões e nunca deve pretender fazer outra coisa senão servi-las e obedecê-las."

Moralidade

A teoria moral humiana segue os passos de sua epistemologia: há um primeiro momento crítico (ou cético) e um segundo, no qual constrói a sua teoria moral.

No momento crítico, da mesma forma que nega ser a razão a origem do nosso conhecimento sobre a realidade, também tenta refutar a idéia de que o nosso senso moral é criado racionalmente.

Um argumento contra o racionalismo moral é derivado do que vimos anteriormente. O senso moral deve poder influenciar as nossas ações. Se a razão não pode nos motivar, então não pode ser a origem do nosso senso moral.

Mais uma vez Hume está duelando com concepções filosóficas de sua época. Seus oponentes, agora, são menos conhecidos: William Wollaston, Samuel Clarke, Ralph Cudworth e, bem mais conhecido, John Locke. Esses pensadores expressam concepções metafísicas fortemente baseadas na religião.

Samuel Clarke (1675-1729) foi um filósofo e teólogo inglês que, após a morte de Locke, chegou a ser considerado o maior metafísico da Inglaterra, mas que se tornou famoso por defender a física de Newton contra os ataques de Leibniz. Segundo ele, existe uma rígida harmonia no universo, porque uma coisa não se relaciona de modo arbitrário com qualquer outra coisa. As figuras geométricas se relacionam de certo modo umas com as outras, da mesma maneira que os objetos espaciais têm relações bem definidas: eles se atraem de modo mais intenso ou não de acordo com a distância que mantêm entre si.

Entre os seres humanos também "existe a adequação ou propriedade de certas circunstâncias a certas pessoas, e uma impropriedade de outras, fundamentadas na própria natureza das coisas e nas qualificações das pessoas, antecedendo toda e qualquer espécie de ordenamento ou prescrição positiva". Essa adequação ou inadequação de comportamento entre as pessoas — que é o que interessa para a moralidade — está fundada na própria natureza das coisas, não sendo fruto de nenhum "ordenamento ou prescrição positiva", isto é, não é resultado nem das leis civis nem dos costumes: é uma relação essencial, por conseguinte, logicamente necessária.

Esse modo de ver as relações entre as pessoas é bastante adequado às relações sociais profundamente hierárquicas da sociedade inglesa — assim, um servo dever obediência a seu senhor é tão auto-evidente quanto uma figura de quatro lados possuir quatro ângulos internos —, mas também é a reaparição, na *filosofia moral*, daquela metafísica religiosa que Hume criticou com relação à epistemologia. Ele atacará a moral metafísica com a mesma arma que utilizou contra a epistemologia metafísica: a lógica.

Vimos que os metafísicos tentam fundar o nosso conhecimento sobre a realidade em raciocínios *a priori* e que Hume nega a possibilidade de se deduzir a realidade. A filosofia moral de Clarke, ao pressupor que existe um ordenamento metafísico do universo, inclusive nas relações entre seres humanos, está afirmando que se pode *deduzir* o que seja o moralmente certo e errado a partir de princípios metafísicos, que conhecemos por serem auto-evidentes. Hume utiliza vários argumentos contra essa concepção, o mais conhecido é a *Lei de Hume*, apresentada em um único parágrafo do *Tratado*. O filósofo menciona teorias morais que começam utilizando *proposições descritivas* (aquelas que usamos para descrever fatos) e que subitamente cedem lugar a *proposições normativas* (aquelas que expressam regras). A mudança precisa ser justificada, pois *de proposições descritivas não se podem deduzir proposições normativas* — essa é a *Lei de Hume*.

O que ela expressa é a impossibilidade de se fundamentar a moralidade na descrição de como as coisas são na realidade — refutando a teoria moral de Clarke. Mas em que está baseada essa impossibilidade?

O conceito-chave é o de "dedução", em que a conclusão se segue *necessariamente* das premissas. O problema é que posso afirmar uma *proposição descritiva* — "João rouba" — e uma *proposição normativa* relacionada a essa — "João não deve roubar" — sem incorrer em nenhuma contradição. Para ser mais próximo de uma dedução: não há contradição entre a premissa "Todos os homens já mentiram alguma vez" e a conclusão "Não se deve mentir". Pois, uma vez que toda dedução tem um caráter *analítico*, a conclusão não diz nada além do que é dito nas premissas; conseqüentemente, se as premissas são descritivas, a conclusão só poderá ser do mesmo tipo.

Hume, todavia, além de rejeitar a possibilidade de *deduzir* os princípios morais, também contesta a possibilidade de eles serem resultado de *induções*. Para o juízo moral ter sua origem em uma indução é preciso que exista um *fato moral* do qual possam ser feitas generalizações. O que ele nega é a existência desse fato moral: "Considere qualquer ação que é tida como viciosa: o assassinato premeditado, por exemplo. Examine-o por todos os lados e veja se é possível achar aquela questão de fato ou existência real chamada *vício*."

Outra observação fundamental sobre a moralidade feita pelo filósofo é que não existem correto e incorreto na realidade. Não é o fato em si de um indivíduo agredir outro o que é moralmente errado, visto que se pode tratar de um caso de legítima defesa. A moralidade não é objetiva, não é algo que se perceba na realidade. Mas, então, de onde surge o nosso senso moral?

Dessa vez Hume não usa a lógica, mas a *experiência*. Através desta percebemos que o senso moral é um tipo de *sentimento*: "Considere qualquer ação que é tida como viciosa ... Não importa quanto se examine o objeto, o vício escapa inteiramente deste exame. Só descobrimos o vício quando dirigimos nossa reflexão para o nosso peito e achamos um sentimento de desaprovação que surge a partir daquela ação."

A experiência que Hume propõe é bastante precária; a idéia, porém, de investigar empiricamente a origem de nosso senso moral foi retomada utilizando as técnicas atuais de mapeamento da atividade cerebral. Joshua Greene descreve experimentos que ele e a sua equipe realizaram, tentando descobrir que áreas do cérebro estão envolvidas quando fazemos julgamentos morais. Os experimentos envolvem indivíduos que têm suas atividades cerebrais monitoradas enquanto decidem qual a ação correta a fazer diante de dilemas morais. Um dos dilemas é uma situação fictícia na qual um trem desgovernado ruma em direção a cinco operários que estão trabalhando nos trilhos e o indivíduo pode escolher desviar o trem para outro trilho onde está apenas um operário. Quando o indivíduo responde a este dilema moral, os pesquisadores descobriram que são acionadas as partes do cérebro associadas à cognição. Entretanto, no momento em que o dilema é modificado, e o indivíduo tem de escolher entre jogar um homem gordo nos trilhos a fim de parar o trem ou deixar os cinco operários morrerem, é outra área do cérebro que é acionada enquanto toma a decisão: a que corresponde às *emoções*.

Greene conclui que temos dois tipos básicos de comportamento moral. Um é racional, e é utilizado em situações impessoais, como escolher entre a morte de um ou cinco operários. O outro tipo é emocional, correspondendo ao que denomina de situações pessoais, como matar alguém para salvar outras pessoas. Existe, no entanto, uma precedência da resposta emocional com relação à racional. Assim, para esse pensador contemporâneo, o fundamento da moralidade está nas emoções.

Apesar de Hume fundar o senso moral em nossos sentimentos, ele não nega a participação da razão na constituição deste. As emoções determinam os fins da ação humana, mas é preciso o concurso da razão, para que se possa descobrir os meios para atingir esses fins. Com relação ao senso moral, a razão colabora com as emoções de dois modos.

Em primeiro lugar, possuímos vários tipos de emoções, das quais os sentimentos morais são um tipo especial, por serem emoções suaves, fracas, sendo facilmente sobrepujados pelas emoções mais fortes. Por isso, minha rivalidade com determinada pessoa pode me impedir de perceber suas qualidades morais, na medida em que o meu ódio por este indivíduo é uma emoção mais forte do que aquilo que moralmente sinto por ele. Cabe à razão distinguir os sentimentos morais das demais emoções a fim de realçá-los.

Outro papel da razão é transformar a *universalidade natural* dos sentimentos morais em *regras universais*, através da criação de uma linguagem moral. Por meio dela podemos expressar nossos sentimentos e, com isso, influenciar os outros indivíduos, quando estão momentaneamente cegos por emoções mais intensas.

Política

O fato de o nosso senso moral estar fundado em emoções não implica o relativismo moral, pois existe uma uniformidade nos sentimentos de todos os homens em todas as épocas. As diferenças culturais não originam, segundo Hume, grandes diferenças em nossa afetividade. Apesar disso, existem exemplos que refutam essa tese, e ele mesmo cita leis gregas que permitiam aos pais matarem seus filhos, o mesmo ocorrendo, segundo o filósofo, na China de sua época. Entretanto, seu veredicto sobre esses casos é muito claro: "matar o próprio filho atenta à natureza e deve ser algo inusual."

Todavia, o naturalismo, com respeito à moral, tem limites que são impostos pela própria natureza: os sentimentos morais, por serem naturais, referem-se a situações naturais, como violência, compaixão, amor pela prole; não podendo, no entanto, atuar em situações não naturais, como roubo, por exemplo.

Essas situações foram criadas pelas leis que regulam a vida dos indivíduos que vivem em sociedades estatais. Se não existe a lei que institui a propriedade privada, não existe roubo; logo, não existirá nenhum sentimento moral associado ao respeito pela propriedade privada.

O filósofo escocês pertence à tradição filosófica inglesa de Hobbes e Locke, que considera o Estado e suas leis como uma invenção humana, o que cria um problema para a avaliação moral dessas instituições. Como são artificiais, a virtude de respeitá-las não pode ser natural. Ora, para Hume, toda virtude é natural. Então qual é o fundamento desse tipo anômalo de virtude?

Para responder a essa pergunta, Hume investiga a origem do Estado — o que obviamente inclui a origem das leis e demais instituições que o compõem. Ele examina uma origem que estava bastante em voga em sua época: a teoria contratualista do surgimento do Estado.

Existem várias versões do contratualismo. Locke supõe que o Estado tenha sido criado através de um acordo de indivíduos que viviam pacificamente numa sociedade sem Estado — o estado de natureza. Na versão hobbesiana, o contratualismo é uma forma de legitimar o poder supremo do governo, ao mesmo tempo em que o fundamenta na vontade dos governados.

Hume rejeita a versão lockiana do contrato social, ao afirmar que "o Estado (*establishment*) original foi criado por meio da violência e os indivíduos se submeteram a este por necessidade; a administração subseqüente foi mantida por meio do poder e o povo a aceitou, não por uma questão de escolha, mas por obrigação". Porém, se o Estado surgiu da violência e os indivíduos vivem sob sua tutela porque não têm outra escolha, então fica ainda mais difícil saber como temos respeito moral por ele.

A resposta de Hume surge da interpretação da natureza humana e das condições sob as quais vivem os seres humanos. Seguindo Aristóteles, ele também sustenta a idéia de que a sociedade tem sua origem na família, e que o primeiro tipo de sociedade foi o *clã*. Nesta sociedade não é preciso o Estado, pois apenas os sentimentos podem governá-la, uma vez que todas as pessoas que a compõem, por terem relações de parentesco, estão afetivamente ligadas.

Surge um problema, no entanto, quando o núcleo social se expande para além do clã, visto que, quando isso ocorre, os sentimentos morais deixam de ser suficientes para manter a coesão social. Estamos perante uma dialética dos sentimentos: os mesmos sentimentos que são responsáveis pela estabilidade dos primeiros núcleos sociais, os clãs, impedem a expansão destes para além da esfera familiar, uma vez que, nesse caso, cada membro da sociedade agirá apenas em favor da sua família, em detrimento do bem comum. Ou seja, é a bondade natural dos seres humanos, que, por ser natural, é mais ativa com aqueles que são afetivamente próximos — familiares, amigos —, o estorvo para a criação de uma sociedade que vá além dessas relações.

O ser humano, para Hume, não é nem egoísta nem individualista, é *parcial*: cada um protege aqueles com quem mantém relações afetivas. Em uma situação como essa, o conflito é inevitável. Os bens necessários à nossa sobrevivência são limitados e de difícil obtenção. Assim, a disputa por esses bens levará a um conflito entre famílias no interior da sociedade, o que acabará por extingui-la — um resultado ruim para todos.

A solução para o dilema criado pelos sentimentos é a invenção de um dispositivo que, por estar acima das relações afetivas da sociedade, por ser *imparcial*, pode diminuir os conflitos de interesse que porventura surjam — o Estado. As leis civis, que são criadas e mantidas pela instituição estatal, não têm a parcialidade dos sentimentos, pois tratam todos os cidadãos como iguais, permitindo que as disputas entre esses indivíduos sejam resolvidas de forma objetiva, garantindo a cada um os bens necessários à sobrevivência. Uma característica importante, por conseguinte, das leis civis é o seu *formalismo*. O ser humano, segundo Hume, age motivado, em última instância, pelas emoções. Ao seguir uma lei civil, no entanto, ele agirá a partir de uma regra, ou seja, terá um comportamento formal e este impedirá que os sentimentos arruinem a harmonia da sociedade.

Através do Estado é possível instituir a propriedade privada, o que garante que o fruto do trabalho dos indivíduos permanecerá com eles. A instituição estatal tem as condições *formais* (as leis) e *materiais* (a polícia) para garantir a ordem social.

Surge, entretanto, um novo problema: se o nosso senso moral é expressão dos nossos sentimentos morais, então como podemos valorizar moralmente uma instituição que tem por objetivo refrear estes sentimentos?

Hume admite a participação (secundária) da razão na constituição do senso moral, e será essa faculdade a responsável pela nossa aprovação moral do Estado. Através dela, somos informados da necessidade do Estado para a manutenção da paz social, o que garante a manutenção da vida dos indivíduos nas grandes sociedades. Visto que a manutenção da vida é uma virtude, ou seja, algo que é aprovado pelos nossos sentimentos morais, o Estado, por realizá-la, será valorizado moralmente — surgindo, então, a virtude *artificial* da *justiça*.

Hume concorda com Hobbes ao afirmar que a justiça não existe antes da fundação do Estado, pois, uma vez que a justiça é "a constante e perpétua vontade de dar a cada um o que lhe é devido", é preciso que seja primeiramente determinado o que é de cada um. Tarefa que cabe ao Estado, pois na sociedade natural — o clã — todas as coisas pertenciam a todos os indivíduos. Quando as relações sociais extrapolam as do clã, surge um conflito pela posse dos bens — cada clã irá lutar pelas melhores terras, pelo acesso a um manancial de água etc. Apenas o Estado, instituindo e garantindo a propriedade privada dos bens, poderá cessar o conflito. E Hume escreve: "Assim, o interesse próprio é o motivo original para o estabelecimento da justiça, mas uma *simpatia* pelo interesse público é a causa da *aprovação moral* que acompanha essa virtude."

O que a citação afirma é que para *cada um* é melhor que as leis civis existam — o que é um momento egoísta na constituição da justiça. Mas, uma vez que o indivíduo percebe que, com relação a essas leis, o que é bom para cada um é *bom para todos*, então será o interesse pelo bem de todos que originará o respeito moral pela justiça.

Desse modo, o filósofo escocês pôde unir uma concepção realista do interesse imediato do indivíduo na existência do Estado — o interesse no bem-estar próprio — com o interesse moral: o bem-estar geral.

Conclusão

Hume é inevitavelmente comparado com outro grande filósofo que imediatamente o sucedeu: Kant. Essa comparação usualmente resulta desfavorável para o filósofo escocês. Hume é tido como o cético que montou as armadilhas que Kant, o relojoeiro alemão, desmontou diligentemente.

Trata-se de um conflito de estilos: Kant imita Bach, com seus argumentos complexos e intricados, Hume assemelha-se a Mozart, com argumentos claros e elegantes. Todavia, para além da diferença de estilos, existe o fato de que Hume é o primeiro filósofo a perceber os desafios que a nova ciência newtoniana impunha à filosofia. Já não é mais possível, para qualquer filósofo, especular livremente sobre a origem do universo ou a natureza das coisas, pois essa passou a ser uma tarefa das ciências da natureza. Ele percebe que a filosofia precisa restringir o seu escopo, e este é o verdadeiro legado que deixa para Kant.

Hume não monta armadilhas, ele dissolve as nuvens da metafísica através de argumentos lógicos que determinam os limites da razão: ela não pode mais saber, sem a ajuda dos sentidos, como é constituída a realidade, nem pode determinar a ação humana e a moralidade.

A nova filosofia humiana é o prenúncio da nova ciência do homem, seja a biologia, que investiga empiricamente o corpo e a mente humana, seja a psicologia empírica, ou mesmo as ciências sociais, que também irão usar da observação empírica para conhecer o seu objeto de estudo.

Seleção de textos

Sumário do *Tratado da natureza humana*

É evidente que todos os raciocínios acerca das *questões de fato* estão fundados na relação de causa e efeito, e que não podemos jamais inferir a existência de um objeto por meio de outro, a menos que estejam unidos entre si, tanto mediata como imediatamente. Com o fim, portanto, de entender esses raciocínios, devemos ter uma perfeita familiaridade com a idéia de causa e, para tê-la, devemos olhar ao nosso redor para buscar algo que possa ser a causa de outra coisa.

Eis uma bola de bilhar parada sobre a mesa, e outra bola movendo-se rapidamente em sua direção. Quando elas se chocam, a bola que estava anteriormente parada adquire movimento. Este é um exemplo tão perfeito da relação de causa e efeito quanto qualquer outro que conhecemos, quer pela sensação, quer pela reflexão. Passemos ao seu exame. É evidente que as duas bolas se tocaram antes que o movimento tivesse sido comunicado, e que não houve nenhum intervalo entre o choque e o movimento. A *contigüidade* no tempo e no espaço consiste, portanto, numa circunstância requerida em todas as operações das causas. É, igualmente, evidente que o movimento denominado de causa se revelou anterior ao que resultou em seu efeito. A *prioridade* no tempo constitui outra circunstância requerida em toda causa. Mas isso não é tudo. Experimentemos com quaisquer outras bolas do mesmo tipo em situações semelhantes e sempre notaremos que o impulso de uma produz o movimento na outra.

Eis, por conseguinte, uma terceira circunstância: a *conjunção constante* entre a causa e o efeito. Todo objeto parecido com a causa produz sempre algum objeto parecido com o efeito. Além das circunstâncias de contigüidade, prioridade e conjunção constante, nada mais podemos descobrir nessa causa. A primeira bola em movimento toca na segunda, imediatamente a segunda movimenta-se. Quando repetimos o experimento com bolas iguais em situações iguais, verificamos que pelo movimento e toque de uma bola o movimento sempre se transfere para a outra. Qualquer que seja o ângulo de que observamos esse tópico, e por mais que o examinemos, nada encontramos além disso.

Tal é o caso em que tanto a causa como o efeito se acham presentes aos sentidos. Vejamos qual é o fundamento de nossa inferência quando concluímos mediante um [objeto] que o outro existiu ou existirá. Suponhamos que vejo uma bola movendo-se em linha reta na direção de outra, imediatamente concluo que elas se chocarão e que a segunda se movimentará. Esta é a inferência de causa e efeito, e desta natureza são todos os nossos raciocínios na conduta da vida, nela fundamenta-se toda a nossa crença na história, e dela deriva toda a filosofia, excetuando-se apenas a geometria e a aritmética. Se pudermos explicar a inferência entre o choque de duas bolas, seremos capazes de atribuir a mesma operação do espírito para todos os casos.

Um homem semelhante a Adão, criado com total vigor do entendimento, mas sem nenhuma experiência, não seria jamais capaz de inferir o movimento na segunda bola como ocasionado pelo movimento e impulso da primeira. A razão não visualiza nenhuma coisa na causa que nos leva a inferir o efeito. Se tal inferência fosse possível, redundaria numa demonstração que se baseia unicamente na comparação de idéias. Mas nenhuma inferência da causa ao efeito corresponde a uma demonstração. Com respeito a isso há uma prova evidente. O espírito é dotado da propriedade de *conceber* qualquer efeito resultar de qualquer causa e, conseqüentemente, de considerar qualquer evento como resultando de qualquer outro, pois qualquer coisa que concebemos é possível, ao menos no sentido metafísico. Mas em qualquer setor que ocorre uma demonstração seu contrário é impossível e implica uma contradição. Portanto, não há demonstração em qualquer conjunção de causa e efeito. Este princípio é geralmente aceito pelos filósofos.

Por conseguinte, teria sido necessário a Adão, se não estivesse inspirado, que tivesse antes *experiência* do efeito que resulta do impulso daquelas duas bolas. Devia ter visto vários casos em que uma bola bateu contra a outra e a segunda sempre adquiriu movimento. Se tivesse visto suficiente número de casos desse tipo, todas as vezes que observasse uma bola movendo na direção de outra, concluiria sempre e sem hesitação que a segunda se movimentaria. Seu entendimento anteciparia sua visão e formaria uma conclusão adequada a sua experiência.

Logo, todos os raciocínios de causa e efeito fundamentam-se na experiência e todos os raciocínios experimentais baseiam-se na suposição de que o curso da natureza continuará uniformemente o mesmo. De onde concluímos que as mesmas causas, em situações iguais, sempre produzirão os mesmos efeitos.

(*Sumário do Tratado da natureza humana*. São Paulo: Companhia Editora Nacional, 1975.)

Uma dissertação sobre as paixões

Seção 5

1. Parece evidente que a razão, em sentido estrito, ou seja, a capacidade de descobrir a verdade e a falsidade, não pode por si mesma motivar a vontade, e não tem nenhuma influência sobre esta a não ser quando afeta alguma paixão ou afecção. Relações de idéias abstratas não são objeto da volição, mas da curiosidade. E questões de fato, caso não sejam sobre o bem e o mal, nem causem desejo ou aversão, são totalmente indiferentes para nós, e, sejam conhecidas ou não, corretamente apreendidas ou não, jamais podem ser tidas como um motivo para a ação.

2. O que é usualmente chamado de razão, em especial nos discursos morais, nada mais é do que uma paixão calma,

que tem uma visão distante e compreensiva de seu objeto, e influencia a vontade sem excitar nenhuma emoção perceptível. Dizemos que um homem é diligente em sua profissão por causa da razão, mas isso é verdade se por razão entendermos um desejo calmo pelas riquezas e fortuna. Um homem é justo por causa da razão, isto é, por causa de uma calma consideração pelo bem público ou pelo próprio caráter.

3. Os mesmos objetos que são considerados pela razão, neste sentido do termo, são também os objetos do que chamamos de paixão, quando estão perto de nós e adquirem alguma outra vantagem, seja pela situação externa, seja pela congruidade com nossa índole, e, por este meio, excita uma emoção turbulenta e perceptível. O mal, a uma grande distância, é evitado, geralmente dizemos, pela razão; mas o mal, quando está próximo, produz aversão, horror, medo, e é objeto de paixão.

4. O erro comum dos metafísicos é atribuir a condução da vontade humana inteiramente a um desses princípios e supor que o outro não tem nenhuma influência. Os homens com freqüência agem conscientemente contra seus interesses: não é, portanto, a busca pelo maior bem possível o que sempre os influencia. Os homens muitas vezes se opõem a uma paixão violenta a fim de perseguir seus interesses e desígnios mais distantes: não é, pois, a insatisfação presente o que os guia. Observamos que, em geral, ambos os princípios influenciam a vontade, e quando estão em desacordo,

um deles prevalece, em função do caráter geral da pessoa ou de sua disposição no momento. O que chamamos de força da mente implica a prevalência das paixões calmas sobre as violentas, apesar de podermos facilmente perceber que não há nenhuma pessoa que possua tal virtude de maneira constante a ponto de nunca se deixar levar pelos desejos e afecções violentos. Dessas variações de temperamento decorre a grande dificuldade de decidir com relação às ações futuras e resoluções dos homens quando há grande contrariedade de motivos e paixões.

Seção 6

1. Devemos enumerar aqui algumas das circunstâncias que tornam uma paixão calma ou violenta, o que diminui ou aumenta qualquer emoção.

É uma propriedade da natureza humana que cada emoção que acompanha uma paixão seja facilmente convertida nesta, embora suas naturezas sejam originalmente diferentes e até mesmo contrárias uma à outra. É verdade que, para gerar uma união perfeita entre as paixões e fazer com que uma produza a outra, é sempre requerida uma dupla relação, de acordo com a teoria exposta acima. Mas quando duas paixões, produzidas por causas separadas, já estão presentes na mente, elas rapidamente se misturam e unem, embora tenham apenas uma relação, ou mesmo nenhuma. A paixão predominante sobrepuja a inferior e a converte nela. Os espíritos, uma vez excitados, facilmente sofrem uma mudança em sua direção e é natural imaginar que essa mudança vem da afecção prevalecente. A conexão é, em muitos casos, mais próxima entre duas paixões do que entre uma paixão qualquer e a indiferença.

Quando uma pessoa está apaixonada, qualquer pequena falta e capricho de sua amada, os ciúmes e as disputas às quais a relação está sujeita, por mais desagradável que sejam e mesmo que estejam ligados à raiva e ao ódio, muitas vezes adicionam força à paixão prevalecente. É um artifício comum dos políticos que, quando querem afetar profundamente qualquer pessoa através da informação de uma matéria de fato, primeiro excitam a sua curiosidade, retardando o máximo possível a sua satisfação. Por este meio, elevam a ansiedade e a paciência ao seu limite, antes de apresentar a informação. Eles sabem que a curiosidade causa a paixão que pretendem criar e que acompanhará o objeto em sua influência sobre a mente. Um soldado avançando para a batalha é naturalmente inspirado pela coragem e confiança ao pensar em seus amigos e companheiros de arma, e é paralisado pelo medo e terror, quando pensa no inimigo. Qualquer nova emoção que surge do primeiro pensamento, naturalmente aumenta a coragem; a mesma emoção, surgindo do segundo, aumenta o medo. Assim, na disciplina militar, a uniformidade e o esplendor do uniforme, a regularidade das figuras e dos movimentos, com toda a pompa e majestade da guerra, encoraja a nós mesmos e nossos aliados, enquanto que os mesmos objetos no inimigo nos causam terror, embora belos e agradáveis em si mesmos.

A esperança é, em si mesma, uma paixão agradável e aliada à amizade e benevolência, mas é propícia a explodir em raiva quando é uma paixão predominante: *"Spes addita suscitat iras"* [a esperança renovada desperta ira] (Virgílio).

2. Uma vez que a paixão, ainda que independente, é naturalmente transformada em outra, caso ambas estejam presentes ao mesmo tempo, segue-se que quando o bem e o mal estão numa situação em que podem causar qualquer emoção particular, além da paixão direta de desejo ou aversão, esta última paixão pode adquirir nova força e violência.

3. Isto ocorre freqüentemente, quando um objeto excita paixões contrárias, pois é observável que uma oposição de paixões usualmente causa uma nova emoção nos espíritos e produz mais desordem do que a ocorrência de duas afecções de igual força. Essa nova emoção é facilmente convertida na paixão predominante e, em muitos casos, observa-se que aumenta sua violência além do ponto em que chegaria caso não tivesse encontrado nenhuma oposição. Por isso, naturalmente desejamos o que é proibido e temos prazer em realizar ações ilegais. A noção de dever, quando contrária às paixões, nem sempre consegue sobrepujá-las, e, quando falha nesta tentativa, acaba aumentando e irritando as paixões ao se opor aos nossos motivos e princípios.

4. O mesmo efeito ocorre quando a oposição surge de motivos internos ou obstáculos externos. A paixão adquire uma nova força em ambos os casos. O esforço que a mente faz para superar o obstáculo excita os espíritos e aviva a paixão.

5. A incerteza tem o mesmo efeito que a oposição. A agitação do pensamento, a rápida virada que faz de um ponto de vista para outro, a variedade de paixões que se sucedem de acordo com os diferentes pontos de vista, tudo isso produz uma emoção na mente, e esta emoção transmuta na paixão predominante.

A segurança, pelo contrário, diminui a paixão. A mente, quando é deixada por si mesma, imediatamente esmorece e, a fim de preservar o seu ardor, deve a cada momento ser alimentada por uma nova torrente de paixões. Pela mesma razão, o desespero, embora contrário a segurança, tem a mesma influência.

6. Nada excita com mais poder qualquer afecção do que ocultar alguma parte do seu objeto, ao colocá-lo num tipo de sombra, ao mesmo tempo em que o revela o suficiente para nos atrair, deixando ainda algum espaço para a imaginação. Além do fato de que esta obscuridade sempre é acompanhada de algum tipo de incerteza, o esforço que a fantasia faz para completar a idéia estimula o espírito e dá uma força adicional à paixão.

7. Assim como o desespero e a segurança, apesar de opostos, produzirem o mesmo efeito, também observa-se que a ausência tem efeito oposto, e, em circunstâncias diferentes, pode aumentar ou diminuir nossas afecções. Rochefoucault observou muito bem que a ausência destrói as paixões fracas, mas aumenta as fortes. A longa ausência naturalmente enfraquece nossa idéia e diminui a paixão, mas quando a

afecção é tão forte e viva a ponto de manter-se, o desconforto, causado pela carência, aumenta a paixão e lhe dá uma nova força e influência.

8. Quando a alma se dedica à performance de qualquer ação, ou à concepção de qualquer objeto à qual não é acostumada, há uma certa inflexibilidade nas faculdades e uma dificuldade dos espíritos para moverem-se na sua nova direção. Quando esta dificuldade excita os espíritos, é a fonte de admiração, surpresa e de todas as emoções que surgem da novidade, e é, em si mesma agradável, como qualquer coisa que aviva a mente em graus moderados. Porém, apesar da surpresa ser agradável em si mesma, no momento em que agita os espíritos, não apenas aumenta as afecções agradáveis, como também aumenta as dolorosas, de acordo com o princípio já mencionado. É por isso que tudo o que é novo nos afeta mais e nos dá mais prazer ou dor do que, estritamente falando, naturalmente sucederia do objeto, caso ele já fosse conhecido. Quando o objeto ou a ação retorna, a novidade desaparece, mas a paixão subsiste; a agitação do espírito acaba, e examinamos o objeto com mais tranqüilidade.

9. A imaginação e as afecções estão unidas. A vivacidade da primeira dá força à segunda. É por esse motivo que a perspectiva de qualquer prazer que já conhecemos nos afeta mais do que qualquer outro prazer, que até pode lhe ser superior, mas de cuja natureza somos totalmente ignorantes. Do primeiro podemos formar uma idéia particular e definida; o segundo, concebemos sob a noção geral de prazer.

Qualquer satisfação que recentemente gozamos e que ainda está fresca na memória afeta a vontade com mais violência do que outra, cujos traços decaíram e estão quase esquecidos.

Um prazer adequado ao nosso modo de vida excita mais o nosso desejo e apetite do que outro que não o seja.

Nada é mais apropriado a incutir qualquer paixão em nossa mente do que a eloqüência, que representa os objetos em suas cores mais fortes e vivas. A mera opinião de outro, especialmente quando acompanhada de paixão, faz com que uma idéia, que de outro modo seria inteiramente negligenciada, tenha uma forte influência sobre nós.

Observamos que as paixões mais vivas acompanham a mais viva imaginação. Neste sentido, como em outros, a força da paixão depende tanto do temperamento da pessoa quanto da situação do objeto. O que é mais distante no tempo e no espaço não tem a mesma influência do que é mais próximo.

(Tradução de *A dissertation on the Passion*, retirado de *The Complete Works of David Hume*. Folio VIP Electronic Publishing, 1992. CD-ROM. Tradução do autor.)

Uma investigação sobre os princípios da moral
(1º apêndice, excerto)

Parece evidente que os fins últimos das ações humanas não podem em nenhum caso ser explicados pela razão, mas recomendam-se inteiramente aos sentimentos e afecções da humanidade, sem qualquer dependência das faculdades intelectuais. Pergunte-se a um homem por que pratica exercícios; ele responderá que deseja manter sua saúde. Se lhe for perguntado, então, por que deseja ter saúde, prontamente dirá que é porque a doença é dolorosa. Mas se a indagação é levada adiante, e pede-se a razão pela qual tem aversão à dor, ele não poderá responder. Este é um fim último, e jamais remete a qualquer outro motivo.

Talvez à segunda questão — por que deseja ter saúde — ele possa também responder dizendo que ela é necessária para o exercício de suas ocupações. Se perguntarmos por que se preocupa com isso, ele dirá que é porque deseja obter dinheiro. E se quisermos saber por que ele quer dinheiro, a resposta será que se trata de um meio para o prazer, e, para além disso, será absurdo exigir alguma razão. É impossível que haja uma progressão *in infinitum*, e que sempre exista alguma coisa em razão da qual uma outra é desejada. Alguma coisa deve ser desejada por si mesma, por causa de sua imediata conformidade ou concordância com os sentimentos e afecções humanos.

Ora, como a virtude é um fim, e é desejável por si mesma sem retribuição ou recompensa, simplesmente pela satisfação imediata que comunica, é necessário que haja algum sentimento tocado por ela. Algum gosto, sensação, ou o que se quiser chamá-lo, que distingue o bem e o mal morais, e adere ao primeiro ao mesmo tempo em que rejeita o segundo.

Assim, os diferentes limites e atribuições da razão e do gosto são facilmente determinados. A primeira transmite o conhecimento sobre o que é verdadeiro ou falso; o segundo fornece o sentimento de beleza e fealdade, de virtude e vício. A primeira exibe os objetos tal como realmente existem na natureza, sem acréscimo ou diminuição; o segundo tem uma capacidade produtiva e, ao ornar ou macular todos os objetos naturais com as cores que toma emprestadas do sentimento interno, dá origem, de certo modo, a uma nova criação. A razão, sendo fria e desinteressada, não constitui um motivo para a ação, mas limita-se a direcionar o impulso recebido dos apetites e inclinações, mostrando-nos os meios de atingir a felicidade e evitar o sofrimento. O gosto, como produz prazer ou dor e constitui, portanto, felicidade ou sofrimento, torna-se um motivo para a ação e o princípio ou impulso original do desejo e da volição. A partir de circunstâncias e relações conhecidas ou supostas, a primeira nos conduz à descoberta das que são ocultas ou desconhecidas; o segundo, quando todas as circunstâncias e relações já estão diante de nossos olhos, faz-nos experimentar diante desse todo um novo sentimento de censura ou aprovação. A norma da primeira, fundada na natureza das coisas, é eterna e inflexível, até mesmo pela vontade do Ser Supremo; a norma do segundo, originária da estrutura e constituição internas dos animais, deriva-se em última instância daquela Vontade Suprema que outorgou a cada ser sua particular natureza e arranjou as diversas classes e ordens da existência.

(*Uma investigação sobre os princípios da moral.*
Campinas: Editora da Unicamp, 1995.)

Referências e fontes

p.13: A citação é extraída da obra *An Enquiry Concerning Human Understanding* (Oxford: Clarendon Press, 1986), p.38.

p.16: O extrato é da obra *A Treatise of Human Nature* (Londres: Penguin Books, 1984), livro I, parte iv, seção 3, p.268.

p.19: As passagens foram extraídas da obra *Investigação acerca do entendimento humano* (São Paulo: Nova Cultural, 1989), p.144 e p.100, respectivamente.

p.20: A citação é extraída do livro *A Treatise of Human Nature*, I, iv, 2, p.238.

p.24: a passagem foi extraída do artigo "Stove discovery of the worst argument in the world", de James Franklyn, publicado na revista *Philosophy*, nº 77, 2002, p. 616 (a frase é de Alan Olding). A segunda passagem foi retirada da obra *An Enquiry Concerning Human Understanding* (Oxford: Clarendon Press, 1986, p.153).

p.26: A primeira citação foi retirada da obra *Diálogos sobre a religião natural* (São Paulo: Martins Fontes, 1992), p.38. A segunda é extraída do livro *A Treatise of Human Nature*, II, ii, 8, p.421.

p.27: As passagens foram retiradas do livro *A Treatise of Human Nature*, I, i, 1, p.50 e I, ii, 1, p.76.

p.28: Excerto do livro *Uma investigação acerca do entendimento humano*, p.71.

p.29: Excerto do livro *A Treatise of Human Nature*, I, i, 4, p.58.

p.31: Citação retirada do mesmo livro, I, iii, 8, p.152 (grifo nosso).

p.32: Excerto do artigo "Dois Dogmas do Empirismo", de W.V. Quine. In: *Ryle, Austin, Quine, Strawson* (São Paulo: Abril Cultural, 1975), p.198.

p.33: Passagens retiradas da obra *Hipotiposes Pirronienses*, de Sexto Empírico. In: *Oeuvres choisies* (Paris: Édtions Montaigne, 1948), p.259.

p.34: A primeira citação foi extraída do livro *Uma investigação acerca do entendimento humano*, p.102 (últimos itálicos nossos). A segunda, da obra *A Treatise of Human Nature*, II, iii, 3, p.463.

p.36: Excerto do mesmo livro, II, iii, 3, p.462.

p.38: Passagem retirada do livro *Filosofia moral britânica* (Campinas: Editora da Unicamp, 1996), p.39.

p.39 e 40: Ambas as citações foram extraídas do livro *A Treatise of Human Nature*, III, i, 1, p.520. Na página 28 fazemos referência ao artigo de Greene et al., "The Neural basis of Cognitive Conflict and Control in Moral Judgment", *Neuron*, 2004, vol.44, p.389-400.

p.42: Excerto do ensaio "Populouness of ancient nations". In: *Essays Moral Political and Literary* (Indianapolis: Liberty

Fund, 1987), p.400. Da mesma obra foi extraída a passagem do ensaio "Of the original contract", p.475, citada na página seguinte.

p.46: Citação da obra *A Treatise of Human Nature*, III, ii, 6, p.578. Da mesma obra é a citação da página seguinte, III, ii, 2, p.551.

Leituras recomendadas

Obras de David Hume

Em português:

Diálogos sobre a religião natural. São Paulo: Martins Fontes, 1992.

Ensaios morais, políticos e literários. Rio de Janeiro: Topbooks, 2004.

Investigação acerca do entendimento humano. São Paulo: Nova Cultural, 1989.

Sumário do tratado da natureza humana. São Paulo: Companhia Editora Nacional, 1975.

Tratado da natureza humana. São Paulo: Editora da Unesp, 2001.

Uma investigação sobre os princípios da moral. Campinas: Editora da Unicamp, 1995.

Em inglês:

A Treatise of Human Nature. London: Penguin Books, 1984.

Enquiries Concerning Human Understanding and Concerning the Principles of Morals. Oxford: Clarendon Press, 1986.

Essays Moral, Political and Literary. Indianapolis: Liberty Fund, 1987.

Sobre Hume

ÁRDAL, Páll S. *Passion And Value in Hume's Treatise.* Edinburgh: Edinburgh University Press, 1989.

FLEW, Antony. *Hume's Philosophy of Belief: a Study of his First Inquiry.* London: Routledge & Kegan Paul, 1961.

MACKIE, J.L. *Hume's Moral Theory.* London: Routledge & Kegan Paul, 1980.

MALHERBE, Michel. *La Philosophie Empiriste de David Hume.* Paris: Vrin, 1992.

MOUNCE, H.O. *Hume's Naturalism.* London: Routledge, 1999.

NORTON, David Fate. *The Cambridge Companion to Hume.* Cambridge: Cambridge University Press, 1993.

NOXON, James. *La Evolución de la Filosofía de Hume.* Madri: Alianza Editorial, 1987.

PEARS, David. *Hume's System: An Examination of the First Book of his Treatise.* Oxford: Oxford University Press, 1990.

SMITH, Norman Kemp. *The Philosophy of David Hume: A Critical Study of its Origins and Central Doctrines.* London: Macmillan, 1966.

STRAWSON, Galen. *The Secret Connexion: Causation, Realism and David Hume.* Oxford: Clarendon Press, 1992.

STROUD, Barry. *Hume.* London: Routledge & Kegan Paul, 1977.

TWEYMAN, Stanley (ed.). *David Hume Critical Assesments.* London: Routledge, 1995.

Outras obras

ARISTÓTELES. Política. In: *The Complete Works of Aristotle* (editado por Jonathan Barnes). Princeton: Princeton University Press, 1995.

BUTLER, J. et al. *Filosofia moral britânica: textos do século XVIII.* Campinas: Editora da Unicamp, 1996.

EMPIRICUS, Sextus. *Oeuvres choisies.* Paris: Édtions Montaigne, 1948.

FRANKLYN, James. "Stove discovery of the worst argument in the world". In: *Philosophy*, n.77, 2002, p.616.

GREENE et al. "The neural basis of cognitive conflict and control in moral judgment". In: *Neuron*, 2004, vol.44, p.389-400.

QUINE, W.V. "Dois Dogmas do Empirismo". In: *Ryle, Austin, Quine, Strawson* (Coleção Os Pensadores). São Paulo: Abril Cultural, 1975.

ZIMMER, Carl. *A fantástica história do cérebro.* Rio de Janeiro: Elsevier, 2004.

Sobre o autor

Leonardo Sartori Porto, doutor em filosofia moral e política, é professor da Faculdade de Educação da Universidade Federal do Rio Grande do Sul, na qual leciona a disciplina de Prática de Ensino de Filosofia. Publicou, pela Jorge Zahar, o livro *Filosofia da educação*.

Coleção **PASSO-A-PASSO**

Volumes recentes:

CIÊNCIAS SOCIAIS PASSO-A-PASSO

Sociologia do trabalho [39],
José Ricardo Ramalho e
Marco Aurélio Santana

O negócio do social [40],
Joana Garcia

Origens da linguagem [41],
Bruna Franchetto e Yonne Leite

Literatura e sociedade [48],
Adriana Facina

Sociedade de consumo [49],
Lívia Barbosa

Antropologia da criança [57],
Clarice Cohn

Patrimônio histórico e cultural [66],
Pedro Paulo Funari e Sandra
de Cássia Araújo Pelegrini

Antropologia e imagem [68],
Andréa Barbosa e Edgar T. da Cunha

FILOSOFIA PASSO-A-PASSO

Maquiavel & O Príncipe [46],
Alessandro Pinzani

A Teoria Crítica [47], Marcos Nobre

Filosofia da mente [52],
Claudio Costa

**Espinosa & a afetividade humana
[53]**, Marcos André Gleizer

Kant & a Crítica da Razão Pura [54],
Vinicius de Figueiredo

Bioética [55], Darlei Dall'Agnol

Anarquismo e conhecimento [58],
Alberto Oliva

**A pragmática na filosofia
contemporânea [59]**, Danilo
Marcondes

Wittgenstein & o Tractatus [60],
Edgar Marques

Leibniz & a linguagem [61],
Vivianne de Castilho Moreira

Filosofia da educação [62],
Leonardo Sartori Porto

Estética [63], Kathrin Rosenfield

Filosofia da natureza [67],
Márcia Gonçalves

Hume [69], Leonardo S. Porto

PSICANÁLISE PASSO-A-PASSO

Depressão e melancolia [22],
Urania Tourinho Peres

A neurose obsessiva [23],
Maria Anita Carneiro Ribeiro

Mito e psicanálise [36],
Ana Vicentini de Azevedo

O adolescente e o Outro [37],
Sonia Alberti

A teoria do amor [38],
Nadiá P. Ferreira

O conceito de sujeito [50],
Luciano Elia

A sublimação [51], Orlando Cruxên

Lacan, o grande freudiano [56],
Marco Antonio Coutinho Jorge e
Nadiá P. Ferreira

Linguagem e psicanálise [64],
Leila Longo

Sonhos [65], Ana Costa